MINISTÈRE DE LA MARINE.

LE MINISTRE DE LA MARINE, *à Messieurs les Vice-Amiraux commandant en chef, Préfets maritimes; Chefs du Service de la Marine; Commissaires de l'Inscription maritime; Gouverneurs et Commandants des Colonies; Officiers généraux, supérieurs et autres commandant à la mer; Consuls généraux, Consuls et Vice-Consuls de France.*

(Direction de la Comptabilité générale; — 1er Bureau :
Fonds, Ordonnances et Dépenses d'outre-mer.)

Paris, le 16 août 1893.

Notification d'un décret du 25 juillet 1893 portant règlement d'administration publique pour l'application de la loi du 30 janvier 1893, sur la Marine marchande. (Primes à la construction et à la navigation.)

MESSIEURS, vous trouverez, reproduit ci-après, le texte du décret du 25 juillet 1893, promulgué par son insertion au *Journal officiel* du 27 du même mois, et portant règlement d'administration publique pour l'application de la loi du 30 janvier 1893 sur la Marine marchande.

Ce décret, destiné à remplacer celui du 17 août 1881, en reproduit les dispositions essentielles; toutefois, comme des modifications importantes ont été introduites dans la nouvelle réglementation, notamment par l'extension à la navigation au cabotage de concurrence du bénéfice des primes, j'ai jugé utile d'accompagner les principaux articles de cet acte de commentaires destinés à vous en faciliter l'exécution.

Articles 1 et 2. — Aux termes de la loi du 29 janvier 1881, les primes de construction étaient calculées sur la jauge brute légale du navire et les primes de navigation sur la jauge nette. La nouvelle loi, pour établir l'équivalence entre les anciens et les nouveaux coefficients des primes, a décidé de prendre pour base commune des calculs la jauge brute totale sans aucune déduction.

Cette jauge sera inscrite, par les soins de l'Administration des douanes, sur les brevets de francisation, sous le nom de tonnage spécial pour la liquidation des primes prévues par la loi du 30 janvier 1893; elle restera invariable pendant la durée de la loi, sauf le cas de transformation du navire, quels que soient les actes du pouvoir qui pourraient ultérieurement modifier le mode de jaugeage des bâtiments au point de vue du payement des droits de navigation.

Articles 3 à 7. — Comme par le passé, les primes à la construction seront liquidées par le Ministère des Finances; cependant, le Département de la Marine aura le plus souvent à intervenir dans la constatation des droits acquis, conformément aux dispositions des articles 4 et 5.

D'après l'article 4, les officiers du génie maritime chargés de la surveillance des usines auront à certifier le poids des machines motrices, des appareils auxiliaires, des chaudières et des pièces de rechange destinés aux navires de commerce, poids constatés soit par eux-mêmes, soit par leurs délégués. Ces certifications seront faites d'après les règles ci-après concertées avec l'Administration des douanes :

Les officiers du génie maritime, sur la demande des constructeurs, feront procéder aux pesées des pièces de machines motrices, des appareils auxiliaires, des chaudières, etc., que lesdits constructeurs auront déclaré être destinés à la navigation maritime.

En vue d'assurer leur identité avec celles mises à bord, les pièces détachées des machines, les chaudières et leur tuyautage seront frappés d'un poinçon spécial, dont l'empreinte sera reproduite sur le certificat prévu ci-dessous.

Les résultats des pesées seront consignés sur un certificat, dont le modèle est ci-annexé, qui devra être remis au constructeur pour être adressé au receveur des douanes du port de destination des machines, parties de machines ou des chaudières.

Les articles 5 et 6 prescrivent l'institution à Paris et dans les cinq arrondissements maritimes de Commissions mixtes, composées d'un officier de vaisseau, d'un officier du génie maritime et d'un représentant de l'Administration des douanes, chargées de s'assurer si les navires pour lesquels les primes sont réclamées sont susceptibles de faire un service régulier à la mer par leurs propres moyens, ou n'ont pas été construits en vue du service de la marine de guerre d'une puissance étrangère.

Les officiers appelés à faire partie de ces Commissions seront désignés, à Paris, par le Ministre de la Marine ; dans les ports, par les préfets maritimes, sur la demande, soit du Directeur général des douanes, soit du Directeur des douanes en fonctions dans l'un des ports situés dans l'arrondissement maritime.

Les Commissions devront, en tout état de cause, être présidées par l'officier le plus élevé en grade, ou, en cas d'équivalence, par l'officier le plus ancien.

Il appartiendra à l'Administration des douanes de décider les cas où un navire ne présentant pas manifestement le caractère d'un bâtiment de mer, il sera utile de convoquer ces Commissions.

Les frais de déplacement des officiers et agents, réglés d'après les tarifs en vigueur, devront faire l'objet de remboursements à l'Administration de la Marine ; les états constatant ces dépenses devront, par suite, m'être adressés sous le timbre de la Direction de la Comptabilité générale.

Les procès-verbaux des Commissions seront transmis par leur président au fonctionnaire qui a sollicité leur réunion.

Articles 8 *et* 9. — Je n'ai pas d'observations à présenter sur ces articles, dont la rédaction est assez claire pour se passer de commentaires. Je me borne à rappeler qu'il ne pourra être donné cours aux liquidations des primes acquises par la navigation au cabotage, que lorsque le nouveau tableau des distances de port à port, dont l'établissement est activement poursuivi, aura été publié après avoir reçu la sanction du Conseil d'État.

Article 10. — La navigation faite, en France, dans la partie maritime des fleuves, canaux ou rivières attenant à la mer, cesse d'être primée lorsqu'elle se prolonge au delà des limites fixées pour la navigation à vapeur par les règlements d'administration publique. Les règlements de l'espèce actuellement en vigueur sont ceux du 9 avril 1883 et du 1er février 1893 ; le décret délimitant pour chaque cours d'eau le point où la navigation cesse d'être maritime porte la date du 4 mars 1890. Vous le retrouverez reproduit *Bulletin officiel de la Marine*.

Article 12. — Il résulte des dispositions de cet article :

1° Que les navires de construction française qui auront embarqué, avant le 1er janvier 1893, des machines ou des chaudières construites à l'étranger recevront la prime allouée aux navires de construction étrangère ;

2° Que les navires qui ont reçu, ou recevront, ces machines ou chaudières postérieurement à la date précitée, cesseront d'avoir droit à la prime, du jour de leur mise à bord.

Articles 13 *et* 14. — Ces textes ne comportent pas d'explication ; ils ne font que reproduire les dispositions du décret du 17 août 1881 complétées, en ce qui concerne la détermination de l'âge des navires construits à l'étranger, par les prescriptions d'un avis du Conseil d'État du 4 janvier 1882.

Article 15. — Il en est de même pour cet article qui énumère les renseignements à porter par l'armateur sur la déclaration d'armement. Cependant, bien que la date de la mise en place des machines et des chaudières ne soit pas comprise dans cette énumération, j'ai cru devoir l'inscrire sur le modèle ci-annexé en vue de satisfaire aux prescriptions de l'article 12.

Articles 16 *à* 19. — Ces articles décrivent les mesures à prendre pour l'établissement du registre des traversées et de leurs extraits. Elles sont la reproduction des formalités exigées par l'ancien règlement. Vous remarquerez, toutefois, que le nombre des extraits a été réduit de trois à deux, nombre qui a paru suffisant pour justifier les droits à la prime.

Aux termes du texte officiel, les extraits devraient être signés en France par les Commissaires de l'inscription maritime. Par suite de l'admission des navires armés au cabotage à la participation des primes, l'exécution littérale de cette disposition deviendrait impossible. Les documents en question pourront donc être certifiés, suivant les ports de relâche, soit par les officiers du commissariat administrateurs des quartiers, soit par les agents placés sous leurs ordres : préposés à l'Inscription maritime, syndics des gens de mer, gardes maritimes. Ces agents signeront par délégation, en faisant précéder leur signature de l'énonciation de leur qualité. Dans les colonies où le service administratif n'est pas représenté, les extraits seront certifiés par les fonctionnaires des Directions de l'intérieur, chargés de la police de la navigation.

Enfin, il peut arriver, par suite de circonstances exceptionnelles, qu'un navire entre dans un port de France et en sorte pendant la même marée de nuit. Dans ce cas particulier, il suffira que l'extrait destiné à constater la relâche soit signé par l'officier de port ou, à défaut, par l'agent des douanes présent.

J'appelle l'attention de nos représentants à l'extérieur sur l'importance de mentionner exactement sur les extraits des registres des traversées la route suivie par le navire, dans le cas où celui-ci emprunterait la voie d'un canal artificiel, remonterait ou descendrait une des branches d'un fleuve se jetant dans la mer par plusieurs embouchures ; ces renseignements sont, en effet, indispensables pour le calcul des primes basé sur les distances réellement parcourues.

Enfin, les Consuls devront également ne pas perdre de vue l'obligation de consigner sur le registre des traversées et leurs extraits, la nature, le montant et les motifs des réparations faites aux navires de commerce.

Ces fonctionnaires n'ignorent pas qu'aux termes du décret du 27 vendémiaire an II et de la loi du 30 janvier 1893, les bâtiments peuvent perdre leur nationalité si le montant des réparations excède 6 francs par tonneau, ou s'ils ont changé de machines ou de chaudières en pays étranger.

Article 20. — La faculté de recevoir des acomptes — faculté limitée aux seuls navires armés au long cours — est prorogée de deux années et portée à 5 ans, à compter de la date du départ du navire d'un port de la métropole.

Le texte du décret est muet sur le cas spécial d'un navire armé au cabotage qui réarmerait pour le long cours dans un port étranger. J'estime que, dans ce cas, la période quinquennale ne doit compter qu'à partir du jour où le navire fait route pour sa nouvelle destination.

Article 21. — Les primes acquises par les bâtiments faisant le cabotage peuvent être liquidées lors de chaque retour en France ; mais aux termes de cet article, les armateurs ne doivent réclamer la liquidation qu'une fois par période de 3 mois d'armement.

Dans ces conditions, il n'y aura pas lieu d'établir une liquidation distincte à chaque retour en France du navire ; il suffira de dresser une seule liquidation comprenant tous les voyages effectués pendant le trimestre.

A cet effet, les capitaines adresseront les extraits de leur registre des traversées à leur armateur, qui les transmettront, en même temps que les autres justifications prévues au § 3 de l'article 38 du décret, à l'autorité maritime du port où devra s'effectuer la liquidation.

Ces prescriptions ne devront pas être prises à la lettre au point de n'établir, dans tous les cas, que quatre liquidations par année. Je laisse MM. les Commissaires de l'Inscription maritime juges de l'opportunité de me faire parvenir des projets de liquidations supplémentaires, sur les demandes motivées des armateurs, qui devront être jointes aux dossiers des justifications.

D'une façon générale, j'attache le plus grand prix à ce qu'aucun retard ne soit apporté à la constatation des droits acquis, du fait de mon Administration. Les époques trimestrielles seront donc calculées pour chaque navire, de telle sorte que les liquidations comprenant les voyages terminés pendant le mois de décembre, puissent me parvenir assez à temps pour être transmises, après vérification, au Ministère du Commerce, pour être ordonnancées sur les crédits du budget de l'exercice en cours. Les envois des projets de liquidations devront d'ailleurs être fréquents et échelonnés de façon à éviter tout encombrement au bureau liquidateur.

Articles 23 *et* 24. — Ces articles ne font que reproduire les dispositions de l'ancienne réglementation en les complétant par des avis du Conseil d'État intervenus pendant la durée de la loi du 30 janvier 1893.

Article 25. — Le texte de cet article détermine le mode de règlement des primes acquises par un navire armé au long cours, faisant du cabotage dans la zone fixée par la loi. Il est rappelé que, dans le cas de l'espèce, et conformément aux prescriptions de ma circulaire du 31 janvier dernier, il devra être dressé deux projets de liquidation distincts pour ces traversées.

Article 26. — Les dispositions de cet article ont été prises en vue d'assurer l'application du dernier paragraphe de l'article 5 de la loi qui dispose que la prime n'est pas due aux navires se livrant au cabotage français qui touchent à des ports étrangers, sans y embarquer ou y débarquer des marchandises représentant en tonneau d'affrètement le 1/3 au moins de leur tonnage net. Il s'agissait dès lors d'établir une corrélation entre le tonneau d'affrètement et le tonneau de jauge. Aux termes de l'article 26, le tonneau d'affrètement est déterminé conformément aux dispositions de la loi du 13 juin 1866, qui se réfère (§ VII du tableau annexe) aux articles 3 et 6 de la loi du 3 juillet 1861, dont les dispositions ont été elles-mêmes complétées par celles insérées dans le décret du 25 août de la même année.

Un certificat signé par le fonctionnaire des douanes du port d'arrivée ou du premier port de relâche, après escale dans des ports étrangers et établi dans la forme arrêtée par ladite administration, constatera l'accomplissement des formalités prévues par la loi.

Le même paragraphe de l'article 5 de l'acte législatif exclut de la prime de navigation les parcours entre un port français et un port étranger distant de moins de 120 milles. Ces parcours ne devront pas moins figurer, *pour mémoire*, sur les projets de liquidation, afin de ne pas interrompre la série des relâches.

Article 27. — Cet article n'a pour but que de condenser les dispositions similaires contenues dans les articles 21 et 27 du décret du 17 août 1881.

Articles 28 *à* 30. — Un arrêté spécial fera connaître ultérieurement aux constructeurs les conditions que devront remplir les navires appelés à recevoir la surprime allouée par l'article 7 de la loi.

Articles 31 *à* 36. — Je n'ai aucune observation à présenter sur les prescriptions de ces articles, dont l'application est d'ailleurs du ressort du Ministère du Commerce.

Article 38. — Les justifications à produire pour la constatation du droit aux primes sont les mêmes que celles réclamées par le règlement de 1881, sauf les pièces complémentaires destinées à constater les traversées effectuées dans les conditions prévues par le dernier paragraphe de l'article 6 de la loi.

Comme par le passé, les armateurs de navires armés au long cours fourniront des déclarations d'armement pour chaque nouveau voyage entrepris après retour dans un port d'Europe. Mais cette obligation ne peut pas être imposée pour les navires armés au cabotage, dont la durée de l'armement est fixée par le décret du 19 mars 1852, à un an, à partir de l'ouverture du rôle d'équipage. Pour ces navires, il suffira de joindre la déclaration au premier projet de liquidation, en faisant référence sur les liquidations suivantes à la production antérieure.

Les modèles des déclarations d'armement ont été modifiés de façon à pouvoir servir aux deux navigations et complétés par la certification en toutes lettres, de la main du Receveur des Douanes, de la jauge brute totale du navire.

Le certificat de l'Administration des Postes ne doit être joint qu'à la liquidation pour solde ou intégrale. Il pourrait arriver cependant que certains armateurs, sachant que leurs navires ne doivent pas rentrer en France et qu'ils n'auront pas à réclamer le solde des primes acquises, en prévision du payement des seuls acomptes, se croient autorisés à ne pas remplir les obligations imposées par la loi. D'autre part, la perte de l'imprimé spécial désigné sous le nom de *part postal* a soulevé, à plusieurs reprises, des difficultés lors du règlement des primes.

Pour remédier à cette éventualité et à cet inconvénient, j'ai ajouté aux extraits des registres des traversées une mention destinée à faire constater par nos Consuls l'accomplissement, à chaque relâche, du service postal. Ces certifications ne devront pas empêcher, bien entendu, la production du certificat prévu sous le n° 6 au § 2 de l'article 38, pour les longs-courriers à l'appui de la liquidation intégrale ou pour solde, pour les caboteurs, au soutien de chaque liquidation.

La déclaration d'armement et les extraits constateront la composition de l'équipage qui devra être conforme aux prescriptions de l'acte de navigation du 21 septembre 1793 et des décrets des 28 janvier 1857 et 21 septembre 1864 relatifs aux mécaniciens et aux chauffeurs. Cependant, si les capitaines se trouvaient dans l'obligation, par cas de force majeure, de modifier, à l'extérieur, la composition réglementaire de l'équipage en embarquant des marins étrangers au delà de la proportion légale, ils devront se faire délivrer le certificat prévu par la circulaire du 26 août 1881.

Les primes seront liquidées par les Commissaires du quartier dans lequel se trouve le port d'arrivée du navire. Pour leur faciliter le calcul des projets de liquidation, j'ai fait établir un barème, reproduit plus loin, indiquant, par catégorie et par âge de navires, le taux de la prime qui leur est applicable.

Articles 43 à 48. — Une instruction spéciale résumera prochainement les mesures à prendre pour assurer l'organisation et le fonctionnement du fonds de secours et de subvention dont le versement doit être effectué à la Caisse des Invalides de la Marine, en conformité de l'article 12 de la loi.

Articles 49 à 53. — Ces articles règlent les dispositions transitoires à appliquer pendant la période écoulée entre la promulgation de la loi et celle du décret d'administration publique.

L'article 6 de la loi supprimant la prime de navigation aux navires de construction étrangère non francisés le 1er janvier 1893, il importait de fixer exactement la date déterminant la francisation. Tel est le but des § 2 et 3 de l'article 50 qui reproduisent les termes d'une circulaire du 7 février 1891 concertés avec les Départements du Commerce et des Finances. Par suite, MM. les Commissaires de l'Inscription maritime veilleront à ce que les déclarations d'armement des navires qui se trouveront dans les conditions prévues aux paragraphes précités portent, en plus de la date de la francisation, soit celle du dépôt de l'engagement pris par l'armateur, soit celle du congé provisoire délivré par l'autorité consulaire.

Article 53. — La navigation entre la France et l'Algérie est primée temporairement par suite de conventions internationales qui accordent à certaines nations le droit de faire faire cette navigation à leurs navires concurremment avec les navires français.

Il est bien entendu que cette faveur, qui prendra fin un mois après la date de l'insertion au *Journal officiel* de l'avis de la mise en vigueur intégrale de la loi du 2 avril 1889, ne s'étend qu'aux voyages entre un port de la métropole et un port de notre possession africaine, le cabotage entre les différents ports de l'Algérie étant exclusivement réservé au pavillon national.

Telles sont les explications que j'ai cru devoir vous donner sur les dispositions principales qui ont été introduites dans le décret qui fait l'objet de la présente circulaire.

Si, dans l'avenir, il s'élevait des doutes sur l'interprétation à donner aux prescriptions réglementaires, je désire qu'il m'en soit référé immédiatement pour que je puisse statuer sur les cas en discussion, ou, au besoin, les soumettre aux délibérations du Conseil d'État.

Recevez, etc.

Signé : RIEUNIER.

DÉCRET *portant règlement d'administration publique pour l'application de la loi du 30 janvier 1893 sur la Marine marchande.*

(Du 25 juillet 1893.)

LE PRÉSIDENT DE LA RÉPUBLIQUE FRANÇAISE,

Sur le rapport des Ministres de la Marine, du Commerce, de l'Industrie et des Colonies, des Finances et des Travaux publics,

Vu la loi du 30 janvier 1893 sur la Marine marchande;

Le Conseil d'État entendu,

DÉCRÈTE :

TITRE PREMIER.

Jauge des bâtiments.

ARTICLE PREMIER.

La jauge brute totale d'après laquelle sont déterminées les primes à la construction et à la navigation est calculée conformément aux articles 1 à 12 du décret du 24 mai 1873 et 1 du décret du 7 mars 1889.

Pour les navires munis d'un water-ballast s'étendant dans les fonds, le creux, pour les sections correspondant au watér-ballast, est mesuré de la manière suivante :

1° Si les varangues existent à leur hauteur ordinaire dans l'intérieur du water-ballast, la hauteur ou le creux pour le tonnage, dans chaque section considérée, est le creux mesuré, conformément à l'article 4 du décret du 24 mai 1873, au-dessus du plafond du water-ballast, augmenté de la hauteur de ce plafond au-dessus de la varangue ;

2° Si les varangues sont surélevées jusqu'au plafond du water-ballast, de sorte que ce plafond repose sur leur partie supérieure, on mesure :

Le creux au-dessus du plafond du water-ballast dans la section considérée.. q

La hauteur de ce plafond au-dessus de la quille dans la section considérée .... d

La largeur du navire en dehors des membrures au maître bau....... B

Le creux total au-dessus de la quille de la partie supérieure des barrots du pont de construction le plus élevé, dans l'axe du navire et au milieu de sa longueur C

La hauteur ou le creux, pour le tonnage, dans chaque section considérée, est alors donné par la formule :

$$h = q + d - 0{,}03\,(B + C).$$

Il ne sera pas tenu compte, dans le calcul de la jauge, des déductions prévues aux deux derniers alinéas de l'article 11 du décret du 24 mai 1873.

ART. 2.

La jauge brute totale, calculée conformément à l'article 1er ci-dessus, est, en vue de la liquidation des primes et dès la première demande formée par le constructeur ou l'armateur, mentionnée dans l'acte de francisation du navire sous le titre : « Tonnage spécial pour la liquidation des primes prévues par la loi du 30 janvier 1893 ».

TITRE II.

Primes à la construction.

ART. 3.

Le tonnage brut total des navires neufs pour lesquels la prime à la construction est demandée est certifié par le receveur des Douanes du port de construction.

Le certificat constate que le navire est de construction française et indique la catégorie à laquelle il appartient.

Pour les navires neufs destinés à la marine marchande française, le certificat est dressé au moment de la francisation.

Pour les navires neufs destinés aux marines marchandes de l'étranger, le certificat est dressé, après qu'il a été procédé aux mêmes opérations de jaugeage que pour les navires français, au moment de la délivrance du permis de sortie.

Pour les navires français transformés, les accroissements de jauge brute totale sont certifiés dans la même forme par le receveur des Douanes du port de réparation.

ART. 4.

Le poids des machines motrices et des appareils auxiliaires, des chaudières à vapeur et de leur tuyautage, celui des parties neuves destinées aux machines qui subiraient des transformations ou des réparations pendant l'existence du navire, est certifié au lieu de construction par les officiers du génie maritime chargés, pour la marine militaire, de la surveillance des usines, et par les agents placés sous leurs ordres, délégués à cet effet, ou, à leur défaut, par les ingénieurs des mines désignés par le Ministre des travaux publics, sur la demande du Ministre des finances, et par les contrôleurs placés sous leurs ordres.

Les constructeurs doivent mettre à la disposition des ingénieurs et des agents le personnel et le matériel nécessaires pour les pesées.

Le receveur des Douanes du port de construction ou de réparation s'assure, lors de l'arrivée des machines ou parties de machines à pied d'œuvre, de leur identité avec les objets pesés à l'usine. Il certifie, après leur mise en place, l'emploi qu'elles ont reçu.

Art. 5.

Il est institué dans chaque arrondissement maritime, et à Paris pour les navires construits dans les chantiers de l'intérieur, une ou plusieurs commissions techniques composées chacune d'un officier de marine, d'un officier du génie maritime et d'un représentant de l'Administration des Douanes, chargées de procéder aux vérifications prévues par le dernier paragraphe de l'article 4 de la loi du 30 janvier 1893.

Cette commission emploie tous les moyens d'investigations qui lui paraissent nécessaires ; si elle en reconnaît l'utilité, elle visite les navires et fait au besoin procéder à des essais.

Elle dresse procès-verbal du résultat de ces vérifications.

Art. 6.

Pour les bâtiments de mer qui doivent être livrés à l'étranger, la commission prévue à l'article précédent s'assure que le navire n'est pas construit en vue du service de la marine de guerre.

Art. 7.

Le certificat prévu par l'article 3 ci-dessus, accompagné du procès-verbal dressé en exécution de l'article 5 et de l'article 6, en ce qui concerne les navires construits pour l'étranger, et visé par le directeur général des Douanes, après contrôle des résultats du jaugeage, sert de base à la liquidation de la prime due au constructeur du navire.

Le certificat prévu à l'article 4, accompagné d'un extrait du même procès-verbal et visé également par le directeur général des Douanes, sert de base à la liquidation de la prime due au constructeur des machines ou des parties neuves employées aux réparations ou transformations des machines.

Il n'est pas tenu compte, dans la liquidation, des poids ou fractions de poids inférieurs à 100 kilogrammes.

TITRE III.

Évaluation des distances de port à port.

Art. 8.

Les primes de navigation sont calculées d'après les distances indiquées par le tableau annexé au décret du 6 avril 1882 et les additions à ce tableau publiées depuis cette époque.

Pour les traversées non encore inscrites, il sera établi des tableaux complémentaires exécutoires en vertu de décrets rendus sur le rapport du Ministre de la Marine, après avis de la section des finances, de la guerre, de la marine et des colonies du Conseil d'État.

Art. 9.

En ce qui concerne la navigation de cabotage, les tableaux complémentaires prévus à l'article précédent comporteront trois divisions, savoir :

La première, comprenant les ports de la Baltique ;

La seconde, comprenant les ports des côtes de l'océan Atlantique, de la mer du Nord et de l'océan Boréal, à l'intérieur des limites de la navigation au long cours ;

La troisième, comprenant les ports de la Méditerranée, de la mer Noire et de la mer d'Azof.

Dans chacune de ces divisions, le tableau indiquera les distances des différents ports entre eux et à un point de repère choisi, pour la première division, à l'entrée du Skager-Rack ; pour la troisième division, à l'entrée du détroit de Gibraltar.

Pour la deuxième division, les distances comprendront celles de chaque port aux deux points de repère ci-dessus.

La distance entre deux ports situés dans des divisions adjacentes s'obtiendra par la totalisation des distances de chaque port au point de repère intermédiaire, et, dans le cas de passage, sans relâche, de la première à la troisième division ou inversement, par l'addition à la distance de 1,720 milles existant entre les deux points de repère (Skager-Rack et Gibraltar) des distances de chacun des ports au point de repère de sa division.

Art. 10.

Les tableaux des distances, en ce qui concerne le long cours comme le cabotage, comprendront les ports situés sur le littoral maritime et ceux de la partie maritime des fleuves, rivières ou canaux attenant à la mer ; pour la France, la liste de ces ports est déterminée en exécution des règlements d'administration publique fixant les limites de la navigation à vapeur.

Art. 11.

Lorsque la distance mesurée entre deux ports est comprise en entier dans le cours d'un fleuve, d'une rivière ou d'un canal, la prime pour cette distance n'est due qu'au navire qui vient d'accomplir un voyage de mer avant de pénétrer dans ce fleuve, cette rivière ou ce canal, et une fois seulement dans chaque sens entre deux voyages de mer.

Ne sont considérés comme voyages de mer, pour l'application du paragraphe précédent, que les trajets en dehors du fleuve, de la rivière ou du canal, accomplis à la mer, et d'un parcours minimum de 10 milles.

Lorsqu'un navire se déplace à l'intérieur d'une baie maritime, les trajets ainsi effectués ne donnent droit à la prime que s'ils se font entre deux points distants au minimum de 10 milles.

TITRE IV.

Primes à la navigation.

Art. 12.

Les navires construits en France qui ont reçu après la promulgation de la loi du 29 janvier 1881, ou qui reçoivent des machines ou chaudières de fabrication étrangère, sont considérés, au point de vue du droit à la prime à la navigation, comme des navires construits à l'étranger.

S'ils ont reçu ces machines ou ces chaudières avant le 1er janvier 1893, ils ont droit aux primes allouées par l'article 6 de la loi du 30 janvier 1893 aux navires de construction étrangère.

Art. 13.

La date de la construction du navire en vue de l'application de l'article 6 de la loi du 30 janvier 1893 est, pour les navires construits en France, celle du premier brevet de francisation.

Pour les navires construits à l'étranger, cette date est déterminée au moyen des actes antérieurs de nationalité, et, à défaut d'indications portées sur ces actes, par un certificat du consul de France du lieu de construction constatant la date de la mise à l'eau.

Si ces actes ou certificats n'indiquent que l'année de la mise à l'eau, la date du 1er janvier de ladite année est admise comme point de départ de l'âge du navire.

La date de la construction ainsi déterminée est mentionnée dans l'acte de francisation.

Art. 14.

Quelles que soient les transformations ou augmentations de jauge d'un navire, son âge reste déterminé par la date primitive de sa construction.

Art. 15.

Tout armateur qui veut bénéficier de la prime de navigation est tenu, lors de l'armement du navire, de remettre en trois expéditions, dont une sur papier timbré, au commissaire de l'inscription maritime du port d'armement ou au consul, une déclaration énonçant :

1° Son nom et son domicile ;
2° Le nom et l'espèce du navire ;
3° Le lieu et la nature de la construction (bois ou fer) ;
4° L'origine des machines et des chaudières ;
5° Le lieu et la date de la francisation ;
6° S'il s'agit d'un navire construit à l'étranger, la date de la mise à l'eau ;
7° La jauge brute totale et la jauge nette ;

8° Le port d'attache de la douane et celui de l'immatriculation ;

9° Les nom, prénoms et quartier d'inscription du capitaine ;

10° La composition de l'équipage.

La conformité de la déclaration avec l'acte de francisation et avec le titre d'origine des machines et des chaudières est certifiée par le receveur des douanes.

ART. 16.

Cette déclaration est transcrite par le Commissaire de l'inscription maritime ou par le Consul sur un registre à souches fourni par l'armateur et conforme au modèle arrêté par le Ministre de la Marine.

Ce registre, dit registre des traversées, reste à bord du navire et sert à l'inscription des divers voyages qu'il effectue.

La déclaration est visée par le Commissaire de l'inscription maritime ou par le Consul ; l'exemplaire timbré est remis à l'armateur, le second exemplaire est envoyé au Ministre de la Marine, le troisième est conservé dans les bureaux de l'inscription maritime.

ART. 17.

Au moment de son expédition, le capitaine fait consigner sur le registre des traversées, par le Commissaire de l'inscription maritime ou par le Consul, la date du départ, la destination du navire et les points d'escale intermédiaires.

Dans les vingt-quatre heures de son arrivée dans un port ou sur un point de relâche quelconque, le capitaine présente son registre de traversées, soit au Commissaire de l'inscription maritime, en France ou dans les Colonies ou possessions françaises, soit au Consul de France, à l'étranger.

Ce fonctionnaire, après avoir reconnu l'identité du navire par l'examen des papiers de bord, inscrit sur le registre la date de l'arrivée et dresse deux extraits constatant le voyage qui vient d'être terminé. L'extrait mentionne la route suivie, dans le cas où celle-ci aurait emprunté la voie d'un canal artificiel.

L'un des extraits est remis au capitaine ; le Commissaire de l'inscription maritime ou le Consul garde le second extrait dans ses archives.

Au moment de la réexpédition, le Commissaire ou le Consul consigne sur le registre des traversées la date du départ, la nouvelle destination ou la nouvelle escale du navire et la composition de l'équipage.

En cas de réparations effectuées en pays étranger, le Consul de France consigne aussi sur le registre la nature et le montant de ces réparations.

ART. 18.

Si le navire arrive dans un port où il ne se trouve ni Commissaire de l'inscription maritime ni Consul de France, le capitaine se fait délivrer un certificat par le commandant du navire de guerre français présent dans le port, ou, à défaut, par l'autorité locale.

Ce certificat ou, à défaut, un rapport du capitaine affirmé sous serment par l'équipage, est remis à l'autorité maritime ou consulaire du premier port de relâche, qui en délivre au capitaine une copie certifiée et en fait mention sur le registre des traversées.

ART. 19.

La constatation du droit à la prime se fait sur la production par l'armateur des extraits du registre des traversées remis au capitaine.

Au désarmement, le capitaine remet le registre des traversées au Commissaire de l'inscription maritime ou au Consul.

ART. 20.

Lorsque le voyage pour un navire au long cours se prolonge au delà de trois mois, l'armateur peut recevoir des acomptes jusqu'à concurrence des quatre cinquièmes des primes acquises; le cinquième restant dû est payé, en même temps que la prime du voyage de retour en France, sur la production des certificats et justifications prévus à l'article 38. La faculté d'acquérir des acomptes cesse cinq ans après le départ du navire de France.

ART. 21.

Pour les navires faisant le cabotage, les primes peuvent être liquidées lors de chaque retour en France.

Toutefois, cette liquidation ne peut être réclamée plus d'une fois pour chaque période de trois mois d'armement, sauf dans le cas de désarmement au cours d'une période pendant laquelle un payement de prime a été effectué.

ART. 22.

Les surprimes ne donnent pas lieu au payement d'acomptes.

ART. 23.

Le complément des primes acquises au cours de l'armement ne peut être liquidé qu'après le retour du bâtiment en France.

Si toutefois le navire est condamné pour innavigabilité hors de France, ou désarmé hors de France par suite de vente ou de toute autre circonstance entraînant la cessation de la francisation métropolitaine, la liquidation des primes restant dues a lieu sur la production, en France, des pièces réglementaires. Il en est de même d'un navire armé au cabotage réarmant pour le long cours dans un port étranger.

ART. 24.

Le navire qui périt corps et biens au cours d'une traversée, sans qu'on sache où il a disparu, est censé avoir accompli la moitié de la distance qui sépare le port de départ du port de destination déclaré, et a droit à une prime déterminée en conséquence.

S'il est possible de constater le point où le navire a péri, la prime est due d'après la distance parcourue jusqu'à ce point.

Si un navire est obligé par suite d'avaries graves de renoncer à continuer une traversée en cours, la prime est acquise pour la distance comprise entre le point de départ de cette traversée et le point où elle a été interrompue. Ce point est déterminé par un extrait du livre de bord, certifié conforme par le Commissaire de l'inscription maritime ou le Consul du premier port où relâche le navire.

Dans les cas prévus par les deux paragraphes précédents, la prime est calculée sur le taux d'après lequel elle aurait été payée pour la traversée interrompue.

Art. 25.

Toute distance parcourue en dedans des limites fixées, pour le long cours, par l'article 1er de la loi du 30 janvier 1893, ne donne droit à la prime au long cours qu'à compter du dernier port de cabotage où le navire a fait une opération commerciale et d'où il a fait route pour la destination de long cours qu'il a déclarée.

De même, au retour, la prime au long cours n'est due que jusqu'au premier port situé dans les limites du cabotage où le navire fait une opération de commerce.

N'est pas considéré comme une opération de commerce le fait de relâcher dans un port pour y prendre des ordres.

Art. 26.

Le tonneau d'affrètement, pour l'application du dernier paragraphe de l'article 5 de la loi du 30 janvier 1893, est déterminé conformément aux dispositions de la loi du 13 juin 1866.

Art. 27.

Lorsque, en raison de la date de la construction d'un navire, la même traversée donne lieu, par application de l'article 9 de la loi, à l'allocation de primes à la navigation de quotités différentes, la distance parcourue entre le port de départ et le port d'arrivée est répartie entre les deux primes proportionnellement au nombre de jours pendant lesquels chaque prime a été acquise.

La durée de la traversée est comptée du jour du départ inclusivement au jour de l'arrivée exclusivement. Le temps employé au chargement et au déchargement n'est pas compris dans le calcul.

La même règle est applicable à la traversée au cours de laquelle le navire cesse d'avoir droit à la prime.

TITRE V.

Surprime aux navires construits en France d'après des plans approuvés par le Ministre de la Marine.

Art. 28.

Le Ministre de la Marine fixe, par un arrêté inséré au *Journal officiel,* les conditions générales auxquelles doivent satisfaire tous les navires admis à recevoir la surprime de 25 p. 100 prévue à l'article 7 de la loi.

Le Ministre a le droit, à toute époque, de s'assurer par des visites de ses agents de la bonne exécution des navires admis à jouir de la surprime. Il doit toujours être informé des essais et peut s'y faire représenter.

Art. 29.

Tout armateur demandant à jouir de la surprime doit adresser au Ministré de la Marine, en double expédition, les plans, à l'échelle fixée par le Ministre, des formes et des emménagements, le devis des échantillons, le devis des poids et les calculs de stabilité et de position du centre de gravité, ainsi que les plans des appareils moteurs et évaporatoires du navire qu'il se propose de faire construire.

Il en est de même pour les navires mis en chantier par les constructeurs sans destination déterminée, mais en vue de jouir de la surprime.

Un exemplaire des plans est renvoyé à l'armateur ou au constructeur, avec la réponse et les observations du Ministre de la Marine.

Art. 30.

Au moment du premier armement du navire, l'armateur adresse au Ministre de la Marine, en double expédition, les plans des formes et des emménagements du navire, conformes à l'exécution, une copie du devis des poids d'après l'exécution, ainsi qu'une copie du marché d'après lequel le navire a été construit.

Le Ministre de la Marine fait procéder à la visite du navire et délivre, s'il y a lieu, un certificat constatant que la condition prévue par le paragraphe 1er de l'article 7 de la loi du 30 janvier 1893 a été remplie.

Lorsqu'un navire est admis à jouir de la surprime, la décision du Ministre est motivée et insérée au *Bulletin officiel de la Marine*.

TITRE VI.

Obligations imposées aux armateurs en ce qui concerne le service postal.

Art. 31.

Tout capitaine d'un navire bénéficiant de la prime à la navigation est tenu de faire prendre les dépêches postales, et, s'il en est requis, les valises diplomatiques et d'en effectuer la remise dans les bureaux de poste, gares de chemins de fer, consulats ou à bord des paquebots correspondants désignés par l'Administration et suivant les dispositions arrêtées par elle.

Il peut également être tenu de transporter une boîte aux lettres mobile et de la présenter aux agents des postes chargés d'en opérer la levée, dans tous les ports où il aborde.

Art. 32.

L'Administration des Postes et des Télégraphes peut, toutes les fois qu'elle le juge utile, requérir l'embarquement, pour accompagner les dépêches, d'un agent des postes sur un navire bénéficiant de la prime, soit au départ de France, soit sur tout autre point du parcours. Cet agent est chargé de la réception, de la conservation, du tri et de la livraison des dépêches, valises et correspondances.

Un homme de l'équipage est mis à sa disposition pour la manutention des sacs de dépêches et le service de peine et reçoit, à raison de ce concours, une indemnité dont le chiffre est fixé par l'Administration.

Art. 33.

L'agent des postes est traité comme les passagers de 1ʳᵉ classe, ou, à défaut d'installations pour passagers de 1ʳᵉ classe, comme les officiers du bord. Les frais de nourriture sont remboursés conformément aux prix du tarif du navire pour les fonctionnaires.

Il est mis à sa disposition un local fermant à clef, placé en lieu sûr, suffisamment vaste, éclairé et approprié pour permettre le tri des correspondances et l'entrepôt des dépêches.

L'agent des postes peut disposer d'une embarcation, convenablement armée, pour l'embarquement et le débarquement des dépêches, toutes les fois que les besoins du service public l'exigent.

Art. 34.

L'armateur est tenu de pourvoir au transport de l'agent des postes, ainsi que des dépêches et valises qu'il accompagne, entre le bord et les bureaux où s'effectue la livraison de ces dépêches et valises.

Les frais de ce transport, ainsi que les frais qui peuvent résulter de l'application de mesures quarantenaires aux dépêches et valises, sont à la charge de l'armateur.

Le débarquement des dépêches s'effectue aussitôt après l'admission en libre pratique, sans attendre la mise à quai du navire et avant tout débarquement de passagers et de marchandises.

Art. 35.

Tout capitaine ou armateur d'un navire bénéficiant de la prime est tenu de coopérer, sur la réquisition de l'Administration des Postes, au service des colis postaux.

Il est soumis de plein droit aux obligations et bénéficie des avantages résultant des lois, conventions internationales, règlements et tarifs établis ou à établir en matière de colis postaux.

L'armateur a droit aux allocations prévues par l'article 3 de la convention internationale du 4 juillet 1891, sauf les modifications qui interviendront. Il est tenu de recevoir les colis postaux en dépôt dans ses agences des ports en

France, en Algérie, dans les Colonies ou à l'étranger, ou à bord, s'il n'a pas d'agent à terre.

Les colis sont livrés par les soins du capitaine, soit à la douane du port de débarquement, soit aux compagnies de chemins de fer ou de navigation correspondantes, soit enfin à l'office postal destinataire, selon les instructions de l'Admnistration des Postes.

Dans les ports de France ou d'Algérie, l'accomplissement gratuit des formalités en douane, à l'égard des colis importés, incombe à l'armateur ou au capitaine. Il fait, le cas échéant, l'avance des droits de douane et autres qu'il répète sur les services correspondants ou sur le destinataire, et, à défaut, sur l'Administration des Postes.

Les armateurs ont à se munir, à leurs frais, des imprimés réglementaires et du matériel en usage pour le service des colis postaux.

Art. 36.

L'accomplissement des obligations imposées, en ce qui concerne le service postal, aux capitaines des navires recevant une prime de navigation, par application de la loi du 30 janvier 1893 combinée avec l'arrêté des consuls du 19 germinal an x, est une condition du droit à la prime. A cet effet, l'Administration des Postes et des Télégraphes délivre un certificat constatant que le capitaine a rempli toutes les obligations qui lui sont imposées par les lois susvisées. Ce certificat est joint au dossier de liquidation du solde de la prime.

TITRE VII.

Liquidation et payement des primes.

Art. 37.

Les primes de construction sont liquidées sur la production des pièces ci-après :

1° Pour les coques neuves, certificat du receveur des douanes du port de construction à l'effet de constater que le navire est de construction française, et qu'il a été justifié par les déclarations des divers constructeurs des machines et chaudières corroborées par les attestations des officiers du génie maritime ou des agents placés sous leurs ordres, délégués à cet effet, ou, à leur défaut, des ingénieurs des mines ou des contrôleurs placés sous leurs ordres, qu'elles sont également de construction française, ledit certificat indiquant en outre le tonnage brut total, la catégorie à laquelle le navire appartient ;

2° Pour les machines, parties de machines, chaudières et appareils auxiliaires, certificat distinct fourni par chacun des divers constructeurs de machines ou chaudières indiquant la nature et le poids des machines et dûment légalisé par le maire de leur résidence. Ce certificat doit être reconnu exact par les officiers du génie maritime chargés de la surveillance des usines où

dès agents sous leurs ordres, délégués à cet effet, ou, à leur défaut, les ingénieurs des mines ou les contrôleurs placés sous leurs ordres. Le receveur
des douanes atteste la mise en place conformément à l'article 4 du règlement ;

3° Pour le cas d'accroissement de jauge brute, certificat du receveur des
douanes dans la forme indiquée sous le n° 1 ci-dessus ;

4° Dans tous les cas :

a) Extrait timbré de l'acte de francisation délivré par l'Administration des
Douanes et indiquant la date et le numéro sous lesquels le navire a été francisé, sa jauge brute totale, ainsi que le port auquel il est attaché, et, pour les
navires destinés à l'étranger, la copie certifiée du permis de sortie.

b) Projet de liquidation préparé par le receveur des douanes, vérifié et visé
par le directeur général des douanes.

<h3 style="text-align:center">Art. 38.</h3>

Les primes de navigation sont liquidées sur la production des pièces ci-
après :

§ 1er. — *Payements par acomptes.*

1° Exemplaire timbré de la déclaration souscrite par l'armateur en exécution
de l'article 15 ci-dessus, ou certificat de référence, si cet exemplaire a déjà
été produit ;

2° Extraits timbrés du registre des traversées, ou certificats établis conformément à l'article 18.

§ 2. — *Payement final ou pour solde.*

1° Certificat de référence aux numéros des ordonnances des payements
d'acomptes ;

2° Extraits timbrés du registre des traversées non encore liquidées ;

3° Certificat du commissaire de l'inscription maritime du port de retour
indiquant la composition de l'équipage pendant les différentes traversées, et
constatant le résultat de l'examen comparatif du rapport de mer, du journal
de bord et du registre des traversées ;

4° Lorsqu'il s'agit de navires à vapeur construits sur des plans approuvés
par le Département de la Marine, certificat du Ministre de la Marine ;

5° Certificat du Receveur des douanes constatant que le navire n'a pas cessé
de figurer à l'effectif de la marine marchande française ;

6° Certificat de l'Administration des Postes et des Télégraphes, établi conformément à l'article 36 ci-dessus.

§ 3. — *Payement intégral.*

1° Exemplaire timbré de la déclaration souscrite par l'armateur en exécution de l'article 15 ci-dessus ;

2° Extraits timbrés du registre des traversées :

3° Certificat du Commissaire de l'Inscription maritime du port de retour indiquant la composition de l'équipage pendant les différentes traversées et constatant le résultat de l'examen comparatif du rapport de mer, du journal de bord et du registre des traversées ;

4° Lorsqu'il s'agit de navires à vapeur construits sur des plans approuvés par le Département de la Marine, certificat du Ministre de la Marine ;

5° Certificat du Receveur des douanes constatant que le navire n'a pas cessé de figurer à l'effectif de la marine marchande française ;

6° Certificat de l'Administration des Postes et des Télégraphes, établi conformément à l'article 36 ci-dessus.

Il est joint, suivant les cas, aux pièces énumérées ci-dessus, des certificats de l'Administration des douanes constatant que le navire a débarqué ou embarqué dans les ports étrangers des marchandises représentant en tonneaux d'affrètement le tiers au moins de son tonnage net, ou une pièce établie par l'Administration des douanes, constatant que le navire n'a pas fait d'opération d'embarquement ou de débarquement de marchandises dans un port étranger au cours d'une navigation au cabotage français.

Toutes les pièces énumérées au présent article sont remises par l'armateur au commissaire de l'inscription maritime qui les transmet au Ministre de la Marine.

Après vérification des pièces, le Ministre fait établir un projet de liquidation.

<h2 style="text-align:center">Art. 39.</h2>

Les projets de liquidation établis, pour la prime à la construction, par le Ministère des finances, pour la prime à la navigation par le ministère de la Marine, sont adressés avec les dossiers au Ministre du Commerce, de l'Industrie et des Colonies chargé d'ordonnancer les dépenses.

<h2 style="text-align:center">Art. 40.</h2>

L'imputation à chaque exercice des ordonnances de payement est déterminée, savoir :

Pour les primes à la construction des coques, d'après l'année de francisation;

Pour les primes à la construction des machines et des chaudières du premier armement, d'après l'année de francisation ;

Pour les primes à la construction des portions de machines et des chaudières nouvelles, etc., d'après l'année de la mise en place ;

Pour les primes à la navigation, d'après l'année pendant laquelle le navire est rentré en France, ou, s'il s'agit de liquidation par acomptes, d'après l'année où se termine chacune des traversées partielles.

TITRE VIII.

Établissement et perception des péages locaux.

Art. 41.

Les enquêtes auxquelles sont soumis les projets d'établissement, de modification ou de prorogation des péages locaux prévus par le paragraphe 3 de l'article 4 de la loi du 19 mai 1866, modifié par l'article 11 de la loi du 30 janvier 1893, sont faites suivant les formes déterminées par l'ordonnance du 18 février 1834.

Art. 42.

Les frais de perception des péages locaux sont fixés par le Ministre des finances après avis du Ministre du Commerce, de l'Industrie et des Colonies.

TITRE IX.

Organisation et fonctionnement du fonds de secours et de subventions.

Art. 43.

Le produit réalisé des prélèvements de 4 p. 100 sur les primes à la marine marchande est ordonnancé mensuellement par le Ministre du Commerce, de l'Industrie et des Colonies, sur la caisse centrale du Trésor, au profit du trésorier général de l'établissement des invalides de la Marine, qui en fait recette au titre de l'exercice en cours au moment de l'encaissement.

Art. 44.

Le montant des prélèvements ainsi réalisés est affecté : pour les deux tiers au moins à l'allocation de secours aux marins français du commerce, victimes de naufrages et autres accidents ou à leurs familles ; pour le reste, à des subventions aux Chambres de commerce ou à des établissements d'utilité publique, en vue de la création et de l'entretien, dans les ports de la Métropole et des Colonies, d'hôtels de marins destinés à faciliter à la population maritime le logement, l'existence et le placement, ou de toutes autres institutions pouvant leur être utiles.

La part proportionnelle à affecter aux subventions est fixée, au commencement de chaque année, par un décret rendu en Conseil des Ministres.

Art. 45.

Les prélèvements effectués chaque mois et répartis conformément à l'article précédent sont inscrits comme ressources disponibles à deux comptes distincts dans la comptabilité de la caisse des invalides de la Marine.

Les portions de ces prélèvements restées sans emploi en fin d'exercice sont reportées par décret à l'exercice suivant ainsi que la ressource correspondante.

ART. 46.

Les demandes de secours sont instruites par le Ministre de la Marine. Le payement des secours alloués est effectué au moyen de mandats délivrés par le Ministre de la Marine ou son délégué, sur la caisse des invalides de la Marine.

ART. 47.

Les demandes de subventions présentées par les Chambres de commerce sont instruites par le Ministre du commerce ; celles présentées par les établisments d'utilité publique sont instruites par les ministres dont relèvent ces établissements.

Il est institué pour l'examen de ces demandes une commission dans laquelle le ministère de la Marine, celui du commerce et chacun des départements ministériels dont relèvent les établissements qui ont présenté des demandes, sont représentés par deux membres. Cette commission, qui siège au ministère de la Marine, élit son président.

Les dossiers des demandes sont transmis directement à la commission d'examen, qui fait connaître son avis au Ministre qui l'a saisie et au Ministre de la Marine. Les subventions sont accordées par le Ministre de la Marine, après avis conforme du Ministre dont relève l'établissement subventionné.

ART. 48.

Le compte de l'établissement des invalides de la Marine pour chaque exercice fait connaître l'emploi des prélèvements de 4 p. 100 sur les primes à la Marine marchande.

TITRE X.

Dispositions transitoires.

ART. 49.

Les navires mis en construction avant le 1er février 1893 et francisés à partir de cette date auront droit aux primes fixées par l'article 2 de la loi du 30 janvier 1893, sans que les constructeurs soient astreints à l'accomplissement des formalités prévues par le présent décret. Toutefois, ils seront tenus de produire les justifications exigées par le décret du 17 août 1881.

Les machines motrices, les appareils auxiliaires, les chaudières et leur tuyauage mis à bord du 1er février 1893 jusqu'au jour de l'entrée en vigueur du présent décret, bénéficieront, sous les mêmes conditions, des primes instituées par l'article 3 de la loi du 30 janvier 1893.

Art. 50.

Sont considérés comme ayant été francisés antérieurement à la loi du 29 janvier 1881 les navires pour lesquels le payement des droits d'importation ou les déclarations y relatives ont été faits, savoir : en France, avant que la loi fût devenue exécutoire au bureau d'importation, et, à l'étranger, avant que la loi fût devenue exécutoire dans le port français le plus voisin.

Seront considérés comme francisés avant le 1er janvier 1893 :

1° Les navires de construction étrangère qui se trouvaient avant le 1er janvier 1893 dans un port de la Métropole et pour lesquels avait été déposée, avant cette date, une déclaration de l'armateur s'engageant à payer les droits d'importation en vue de la francisation. Outre sa date propre, le titre de nationalité devra porter celle de la déclaration originale ;

2° Les navires achetés à l'étranger par des Français, s'ils se présentent dans les ports de la Métropole porteurs de congés provisoires délivrés par les consuls de France à des dates antérieures au 1er janvier 1893.

Art. 51.

Les dispositions de l'article 27 sont applicables aux navires qui se trouvaient en mer à la date du 30 janvier 1893. La distance parcourue entre le dernier port de départ et le premier port d'arrivée sera répartie proportionnellement au nombre de jours pendant lesquels l'ancienne et la nouvelle législation auront été en vigueur, en vue du payement des primes à la navigation qu'elles spécifient.

Art. 52.

Au retour en France des navires qui, armés sous le régime de la législation antérieure au 30 janvier 1893, ne pourront présenter les justifications énoncées par l'article 38, il y sera suppléé par une déclaration sur papier timbré que le capitaine ou l'armateur devra faire au commissaire de l'inscription maritime dans les vingt-quatre heures de l'arrivée, déclaration qui donnera l'itinéraire suivi depuis le départ de France ou depuis la dernière traversée, justifiée dans les formes réglementaires, ainsi que la composition de l'équipage depuis ce départ ou cette traversée jusqu'au retour.

Cette déclaration présentera toutes les indications obligatoires d'après l'article 16 pour la déclaration d'armement, sauf dans le cas où cette dernière serait produite. Elle sera, comme celle-ci, certifiée conforme à l'acte de francisation par le receveur des douanes. A l'appui, le capitaine devra produire le livre de bord et une expédition de son rapport de mer.

Il ne sera pas payé d'acomptes aux navires mentionnés dans le présent article.

Art. 53.

Les navires effectuant la navigation entre la France et l'Algérie cesseront d'avoir droit à la prime un mois après la date de la mise en vigueur intégrale de la loi du 2 avril 1889.

TITRE XI.

Dispositions générales.

ART. 54.

Est abrogé le décret du 17 août 1881.

ART. 55.

Les Ministres de la Marine, du Commerce, de l'Industrie et des Colonies, des Travaux publics et des Finances sont chargés de l'exécution du présent décret, qui sera inséré au *Bulletin des lois* et au *Journal officiel*.

Fait à Marly-le-Roi, le 25 juillet 1893.

Signé : CARNOT.

Par le Président de la République :

Le Ministre de la Marine,
Signé : RIEUNIER.

Le Ministre du Commerce, de l'Industrie et des Colonies,
Signé : TERRIER.

Le Ministre des Finances,
Signé : PEYTRAL.

Le Ministre des Travaux publics,
Signé : VIETTE.

• ARRONDISSEMENT
MARITIME.

—

PORT D'ARMEMENT
d

—

Nom du navire :

⁀

(1) Long cours ou cabotage.

(2) Capitaine au long cours ou maître au cabotage.

(3) En toutes lettres.

MARINE FRANÇAISE.

PRIMES A LA NAVIGATION.

(Loi du 30 janvier 1893.)

DÉCLARATION D'ARMEMENT.

(Article 15 du décret du 25 juillet 1893 et circulaire ministérielle du 16 août 1893.)

N°

Je soussigné   , armateur, domicilié
à   (département d   ), déclare armer
pour le (1)   le navire   l   ,
construit à   (   ) en   , muni
de machine   construite   à   (   ),
mise en place le   18   , et de chaudières
construites à   (   ), mises en place
le   18   , ledit navire mis à l'eau
le   à   (   ), francisé
à   (   ), le   , d'une
jauge brute totale de   tonneaux, nette de   tonneaux, attaché en douane au port de   ,
immatriculé au quartier d   , folio   ,
n°   , commandé par le Sʳ   (2)
          , inscrit au quartier d   , folio   ,
n°   , ayant à bord   hommes, dont   officiers tous Français   , matelots, mécaniciens ou
chauffeurs français et   matelots, mécaniciens ou
chauffeurs étrangers.

Fait à   , le   18   .

(Signature de l'armateur),

CERTIFIÉ la déclaration ci-dessus conforme à l'acte de
francisation, au titre d'origine et à la date de la mise
en place des machines et chaudières du navire le
          , dont le tonnage spécial pour la liquidation
des primes est de (3)

Fait à   , le   18   .

Le Receveur des Douanes.

(Signature).

Vu la déclaration ci-dessus, à   , le   , 18   .

*Le Commissaire de l'inscription maritime
(ou le Consul).*

(Signature.)

TIMBRE
de
l'administration
des douanes.

TIMBRE
de l'autorité
maritime
ou consulaire.

DÉPART DU PORT D'ARMEMENT

(OU DE RÉARMEMENT A L'ÉTRANGER).

Le navire l   mentionné d'autre part, a quitté le port
d   (   ), le   18   , à destination
d   (   ). Il doit relâcher dans les ports intermé-
diares d

TIMBRE
de l'autorité
maritime
ou consulaire.

Le Commissaire de l'inscription maritime
(ou le Consul).

(Signature.)

REGISTRE DES TRAVERSÉES.

PRIMES A LA NAVIGATION.

(Loi du 30 janvier, décret du 25 juillet et circulaire ministérielle du 16 août 1893.)

Nom du navire :

. . . .

(1) Les mots : « PRIMES A LA NAVIGATION » placés dans la partie où doit se faire la coupure des extraits, seront imprimés en lettres anglaises majuscules, suivant le mode généralement adopté pour les registres à souche.

En cas de réparations à l'extérieur, le détail et le montant desdites réparations seront inscrits par le consul au dos du présent extrait.

Le navire . . . . 1 . . . . , de . . . . tonneaux de jauge brute totale, et de . . . . tonneaux de jauge nette, immatriculé à . . . . , armateur, domicilié à . . . . , a été expédié d . . . . . (. . . .) le . . . . . 18 . . , à destination d . . . . (. . . .). Il doit relâcher dans les ports intermédiaires de . . . .

Son équipage était composé, au départ, de . . . . hommes, dont . . . . officiers tous français, ... matelots, mécaniciens ou chauffeurs français et . . . . . matelots, mécaniciens ou chauffeurs étrangers.

Fait à . . . . (. . . .), le . . . . . . 48 . . .

Le Commissaire de l'Inscription maritime (ou le Consul).

(Signature.)

Timbre.

Le navire susmentionné est arrivé à . . . . (. . . .), le . . . . . 48 . . , venant d . . . . (. . . .). Son équipage était composé de . . . . . hommes, dont . . . . officiers tous français, ; . . . . . matelots, mécaniciens ou chauffeurs français et . . . . . matelots, mécaniciens ou chauffeurs étrangers.

Certifié que les obligations postales imposées par l'article 7 de la loi du 30 janvier et les articles 34 à 36 du décret du 25 juillet 1893 ont été remplies.

Fait à . . . . (. . . .), le . . . . . 48 . . .

Le Commissaire de l'Inscription maritime (ou le Consul).

(Signature.

Timbre.

PRIMES A LA NAVIGATION

REGISTRE DES TRAVERSÉES.

PRIMES A LA NAVIGATION.

Extrait à remettre au Capitaine.

Nom du navire :

. . . .

En cas de réparations à l'extérieur, le détail et le montant desdites réparations seront inscrits par le consul au dos du présent extrait.

Le navire . . . . 1 . . . . , de . . . . tonneaux de jauge brute totale, et de . . . . tonneaux de jauge nette, immatriculé à . . . . , armateur, M. . . . . domicilié à . . . . , a été expédié d . . . . . (. . . .) le . . . . . 18 . . , à destination d . . . . (. . . .). Il doit relâcher dans les ports intermédiaires d . . . .

Son équipage était composé, au départ, de . . . . hommes, dont . . . . officiers tous français . . . . . . , matelots, mécaniciens ou chauffeurs français et . . . . . matelots, mécaniciens ou chauffeurs étrangers.

Fait à . . . . (. . . .), le . . . . . . 48 . .

Le Commissaire de l'Inscription maritime (ou le Consul).

(Signature.)

Timbre.

Le navire susmentionné est arrivé à . . . . (. . . .), le . . . . . 48 . . , venant d . . . . (. . . .). Son équipage était composé de . . . . . hommes, dont . . . . officiers tous français, ... matelots, mécaniciens ou chauffeurs français et . . . . . matelots, mécaniciens ou chauffeurs étrangers.

Certifié que les obligations postales imposées par l'article 7 de la loi du 30 janvier et les articles 34 à 36 du décret du 25 juillet 1893 ont été remplies.

Fait à . . . . (. . . .), le . . . . . 48 . . .

Le Commissaire de l'Inscription maritime (ou le Consul).

(Signature.)

Timbre.

PRIMES A LA NAVIGATION

REGISTRE DES TRAVERSÉES.

PRIMES A LA NAVIGATION.

Extrait à conserver par l'autorité maritime ou consulaire.

Nom du navire :

. . . .

En cas de réparations à l'extérieur, le détail et le montant desdites réparations seront inscrits par le consul au dos du présent extrait.

Le navire . . . . 1 . . . . , de . . . . tonneaux de jauge brute totale, et de . . . . tonneaux de jauge nette, immatriculé à . . . . , armateur, M. . . . . domicilié à . . . . , a été expédié d . . . . . (. . . .) le . . . . . 18 . . , à destination d . . . . (. . . .). Il doit relâcher dans les ports intermédiaires de . . . .

Son équipage était composé, au départ, de . . . . hommes, dont . . . . officiers tous français . . . . . . , matelots, mécaniciens ou chauffeurs français et . . . . . matelots, mécaniciens ou chauffeurs étrangers.

Fait à . . . . (. . . .), le . . . . . . 48 . .

Le Commissaire de l'Inscription maritime (ou le Consul).

(Signature.)

Le navire susmentionné est arrivé à . . . . (. . . .), le . . . . . 48 . . , venant d . . . . (. . . .). Son équipage était composé de . . . . . hommes, dont . . . . officiers tous français, ... matelots, mécaniciens ou chauffeurs français et . . . . . matelots, mécaniciens ou chauffeurs étrangers.

Certifié que les obligations postales imposées par l'article 7 de la loi du 30 janvier et les articles 34 à 36 du décret du 25 juillet 1893 ont été remplies.

Fait à . . . . (. . . .), le . . . 48 . . .

Le Commissaire de l'Inscription maritime (ou le Consul).

(Signature.)

Timbre.

MINISTÈRE
DE LA MARINE.

BUREAU
DES FONDS,
ORDONNANCES ET DES
DÉPENSES
D'OUTRE-MER.

QUARTIER D...

Détail des pièces jointes :

TOTAL......

(1) Long cours ou cabotage.

PRIMES A LA NAVIGATION.

(Loi du 30 janvier, décret du 25 juillet et circulaire ministérielle du 16 août 1893).

Liquidation provisoire établie au profit de **M.**
armateur du   l
pour les voyages de (1)   effectués par ce
bâtiment, immatriculé au quartier de
folio   , n°   .

Lieu de construction du navire :
Date de sa construction :
Date de sa mise à l'eau :
Nature de sa construction :
Jauge brute totale,   tonneaux.
Jauge nette,   tonneaux.
Origine des machines :
—   des chaudières :
Date de la mise { de la machine :
   en place   { des chaudières :
Lieu de la francisation :
Date de la francisation :

NUMÉROS D'ORDRE.	DÉTAIL DES TRAVERSÉES.	NOMBRE DE MILLES parcourus d'après l'état des distances.	TAUX de LA PRIME.	MONTANT de LA PRIME.	OBSERVATIONS.

NUMÉROS D'ORDRE.	DÉTAIL DES TRAVERSÉES.	NOMBRE DE MILLES parcourus d'après l'état des distances.	TAUX de LA PRIME.	MONTANT de LA PRIME.	OBSERVATIONS.

Fait à   , le   18

Le Commissaire de l'inscription maritime,

MARINE MARCHANDE.

(Loi du 30 janvier 1893. — Décret du 25 juillet 1893.
Art. 4.)

CERTIFICAT

DE CONSTRUCTION ET DE PESÉE DES MACHINES MOTRICES, APPAREILS AUXILIAIRES ET CHAUDIÈRES

DESTINÉS AU NAVIRE LE   , CONSTRUIT
A   (DÉPARTEMENT D   ).

---

(1) Nom et qualité.

(2) A voiles ou à vapeur, en fer, en acier ou en bois.

(3) Nom du navire.

(4) En chiffres.

(5) En toutes lettres.

Le soussigné   (1), chargé de procéder à la vérification prévue par l'article 4 du règlement d'administration publique pour l'application de la loi du 30 janvier 1893 sur la marine marchande, certifie :

Que les machines motrices, chaudières, appareils auxiliaires, etc., destinés au navire (2)   , le (3)   , construit dans les chantiers de M.   , à   , arrondissement de   , département d   , sont de construction française et que cette construction a eu lieu à   , arrondissement d   , département d   , dans les chantiers de M.

Que lesdites machines et lesdits appareils auxiliaires ainsi que les chaudières qui les alimentent pèsent net, savoir :

Kilogr. (4)

Machines motrices ....
Appareils auxiliaires ....
Chaudières et leur tuyautage ....
Pièces détachées de machines ....

TOTAL ....

Soit (5)

Les objets mentionnés au présent certificat ont été frappés d'un poinçon dont l'empreinte est ci-dessous et qui servira à en reconnaître l'identité lors de leur arrivée à pied d'œuvre.

Fait à   , le   18

(Signature).

EMPREINTE
du
poinçon.

Barème des coefficients des primes à la navigation.

(Loi du 30 janvier 1893).

	NAVIRES A VAPEUR		NAVIRES A VOILES	
	EN BOIS.	EN FER.	EN BOIS.	EN FER.
De 0 à 1 an..........	1,10	1,10	1,70	1,70
De 1 à 2 ans.........	1,04	1,06	1,62	1,64
De 2 à 3 ans.........	0,98	1,02	1,54	1,58
De 3 à 4 ans.........	0,92	0,98	1,46	1,52
De 4 à 5 ans.........	0,86	0,94	1,38	1,46
De 5 à 6 ans.........	0,80	0,90	1,30	1,40
De 6 à 7 ans.........	0,74	0,86	1,22	1,34
De 7 à 8 ans.........	0,68	0,82	1,14	1,28
De 8 à 9 ans.........	0,62	0,78	1,06	1,22
De 9 à 10 ans.........	0,56	0,74	0,98	1,16
De 10 à 11 ans.........	0,50	0,70	0,90	1,10
De 11 à 12 ans.........	0,44	0,66	0,82	1,04
De 12 à 13 ans.........	0,38	0,62	0,74	0,98
De 13 à 14 ans.........	0,32	0,58	0,66	0,92
De 14 à 15 ans.........	0,26	0,54	0,58	0,86
De 15 à 16 ans.........	0,20	0,50	0,50	0,80
De 16 à 17 ans.........	0,14	0,46	0,42	0,74
De 17 à 18 ans.........	0,08	0,42	0,34	0,68
De 18 à 19 ans.........	0,02	0,38	0,26	0,62
De 19 à 20 ans.........	»	0,34	0,18	0,56
De 20 à 21 ans.........	»	0,30	0,10	0,50
De 21 à 22 ans.........	»	0,26	0,02	0,44
De 22 à 23 ans.........	»	0,22	»	0,38
De 23 à 24 ans.........	»	0,18	»	0,32
De 24 à 25 ans.........	»	0,14	»	0,26
De 25 à 26 ans.........	»	0,10	»	0,20
De 26 à 27 ans.........	»	0,06	»	0,14
De 27 à 28 ans.........	»	0,02	»	0,08
De 28 à 29 ans.........	»	»	»	0,02

Loi *sur la Marine marchande.*

(Du 30 janvier 1893.)

Le Sénat et la Chambre des Députés ont adopté,
Le Président de la République promulgue la loi dont la teneur suit :

TITRE PREMIER.

Définitions.

ARTICLE PREMIER.

La navigation marchande se divise en navigation au long cours, au cabotage international et au cabotage français.

Sont réputés voyages au long cours ceux qui se font au delà des limites ci-après déterminées :

Au sud, le 30ᵉ degré de latitude nord ;
Au nord, le 72ᵉ degré de latitude nord ;
A l'ouest, le 15ᵉ degré de longitude du méridien de Paris ;
A l'est, le 44ᵉ degré de longitude du méridien de Paris.

Sont réputés voyages au cabotage international, ceux qui se font en deçà des limites assignées aux voyages au long cours, s'ils ont lieu entre les ports français, y compris ceux de l'Algérie, et les ports étrangers, ainsi qu'entre les ports étrangers.

Sont réputés voyages au cabotage français ceux qui se font de ports français à ports français, y compris ceux de l'Algérie.

TITRE II.

Construction maritime.

ART. 2.

En compensation des charges que le tarif des douanes impose aux constructeurs de bâtiments de mer, il leur est attribué les allocations suivantes :

Pour les navires à vapeur ou à voiles, en fer ou en acier, soixante-cinq francs (65 francs) ;
Pour les navires en bois de 150 tonneaux ou plus, quarante francs (40 francs) ;
Pour les navires en bois de moins de 150 tonneaux, trente francs (30 francs) ;

Par tonneaux de jauge brute totale calculée conformément aux articles 1 à 12 du décret du 24 mai 1873 et à l'article 1ᵉʳ du décret du 7 mars 1889.

Sont considérés comme navires en bois les navires bordés exclusivement en bois.

Toute transformation d'un navire ayant pour résultat d'en accroître la jauge donne droit à une prime calculée conformément au tarif ci-dessus, d'après le nombre des tonneaux d'augmentation de la jauge.

Art. 3.

En compensation des mêmes charges, il est attribué aux constructeurs de machines les allocations suivantes :

Pour les machines motrices et les appareils auxiliaires, tels que pompes à vapeur, servo-moteurs, dynamos, treuils, ventilateurs mus mécaniquement, placés à l'état neuf à bord des navires tant à voiles qu'à vapeur, ainsi que pour les chaudières à vapeur neuves qui les alimentent et leur tuyautage, quinze francs (15 francs) par 100 kilogrammes.

La prime est accordée pour les machines motrices et les appareils auxiliaires mis en place à l'état neuf ainsi que pour les parties neuves des machines qui subiraient des transformations ou des réparations pendant l'existence du navire.

Lors du changement de chaudières, la compensation est fixée à quinze francs (15 francs) par 100 kilogrammes de chaudières neuves de construction française.

Art. 4.

Les primes déterminées par les articles 2 et 3 ne sont définitivement acquises que lorsqu'il est justifié de la francisation du navire.

En ce qui concerne les navires construits en France pour les marines marchandes de l'étranger, les primes ne sont acquises que lorsque le navire a pris ses expéditions.

Un règlement d'administration publique déterminera les vérifications auxquelles il devra être procédé par une commission technique, pour s'assurer que le navire pour lequel la prime est réclamée, est susceptible de faire un service régulier à la mer par ses propres moyens.

TITRE III.

Navigation maritime.

Art. 5.

A titre de compensation des charges imposées à la marine marchande pour le recrutement et le service de la marine militaire, il est accordé, à partir de la promulgation de la présente loi, une prime de navigation à tous les navires de construction française de plus de 80 tonneaux bruts pour les navires à voiles et de plus de 100 tonneaux bruts pour les navires à vapeur.

Cette prime s'appliquera pendant dix années, à partir de leur francisation, aux navires construits en France pendant la durée de la présente loi.

Elle est attribuée exclusivement à la navigation au long cours et à celle au cabotage international.

Sont exceptés de la prime : les navires affectés au cabotage français, à la grande et à la petite pêche, aux lignes subventionnées par l'État et à la navigation de plaisance.

Toutefois, tant que les nations qui bénéficient d'un traitement de faveur seront admises à faire naviguer leurs navires entre la France et les ports d'Algérie ou *vice versá*, les navires français qui effectueront cette navigation auront droit aux avantages stipulés dans la présente loi en faveur du cabotage international.

Sont également exclus de la prime : les navires se livrant au cabotage français qui touchent à des ports étrangers sans y débarquer ou embarquer des marchandises représentant en tonneaux d'affrètement le tiers au moins de leur tonnage net, ainsi que les navires exécutant un parcours entre un port français et un port étranger distant de moins de 120 milles.

Art. 6.

La prime aux navires construits à l'étranger est et demeure supprimée.

La prime déterminée par l'article 5 est fixée par tonneau de jauge brute totale, calculée conformément aux articles 1 à 12 du décret du 24 mai 1873 et à l'article 1er du décret du 7 mars 1889, et par 1000 milles parcourus, pour tous les navires de construction française :

A un franc dix centimes (1 fr. 10) pour les navires à vapeur, avec décroissance annuelle, à partir de leur construction, de :

Six centimes (0 fr. 06) pour les navires en bois ;
Quatre centimes (0 fr. 04) pour les navires en fer ou en acier ;
Et à un franc soixante-dix centimes (1 fr. 70) pour les navires à voiles, avec décroissance annuelle, à partir de leur construction, de :

Huit centimes (0 fr. 08) pour les navires en bois ;
Six centimes (0 fr. 06) pour les navires en fer ou en acier.

Les navires francisés avant la promulgation de la loi du 29 janvier 1881 sont assimilés, pour la prime, aux navires de construction française.

Les navires de construction étrangère francisés après la promulgation de la loi du 29 janvier 1881 et avant le 1er janvier 1893 ne recevront que la moitié de la prime.

Les navires faisant la navigation au cabotage international ne reçoivent que les deux tiers de la prime. Les navires faisant cette navigation et francisés avant le 1er janvier 1893 sont assimilés pour cette prime aux navires de construction française.

Le nombre des milles parcourus est évalué d'après la distance comprise de port à port entre les points de départ et d'arrivée, mesurée sur la ligne maritime la plus directe suivant les méthodes de calcul et avec le degré d'approximation qui seront déterminés par un règlement d'administration publique.

Art. 7.

La prime est augmentée de 25 p. 100 pour les navires à vapeur construits sur des plans préalablement approuvés par le Département de la Marine.

En cas de guerre, les navires de commerce peuvent être réquisitionnés par l'État.

Tout capitaine de navire recevant l'une des primes fixées par l'article 6 de la présente loi est tenu de transporter gratuitement les dépêches et en général tous les objets de correspondance qui lui seront confiés par le Ministre du Commerce pour le service des postes ; il fera prendre et remettre les dépêches dans les bureaux de poste du lieu de son départ ou des ports d'escale de sa route, ainsi qu'au lieu de sa destination. Ces transports seront gratuits.

Le capitaine sera tenu également de se charger des colis postaux dans les conditions prévues par les lois et règlements sur la matière.

Il encourra, à l'occasion de ces transports, la même responsabilité envers l'administration des postes que cette administration elle-même vis-à-vis du public.

Si un agent des postes est désigné pour accompagner les dépêches, il sera également transporté gratuitement sur tout le parcours, ainsi qu'entre les lieux d'embarquement et de débarquement et les bureaux où s'effectue l'échange des dépêches.

Un local convenablement approprié sera mis à sa disposition pour le travail des correspondances en route.

TITRE IV.

Dispositions diverses.

Art. 8.

La franchise du pilotage est accordée à tous les navires français à voiles ne jaugeant pas plus de 80 tonneaux et aux navires français à vapeur dont le tonnage ne dépasse pas 100 tonneaux, lorsqu'ils font habituellement la navigation de port en port et qu'ils pratiquent l'embouchure des rivières.

Toutefois, sur la demande des chambres de commerce ou des intéressés, et après une instruction faite dans les formes ordinaires, des règlements d'administration publique détermineront les améliorations qu'il y aura lieu d'apporter aux règlements actuels dans l'intérêt de la navigation.

Art. 9.

Pour les navires au long cours, la visite prescrite par l'article 225 du Code de commerce pour un chargement nouveau pris en France ne sera obligatoire que s'il s'est écoulé plus d'un an depuis la dernière visite, à moins toutefois qu'ils n'aient subi des avaries.

ART. 10.

Les actes ou procès-verbaux constatant les mutations de propriété des navires, soit totales, soit partielles, ne seront passibles, à l'enregistrement, que du droit fixe de 3 francs. L'article 5, n° 2, de la loi du 28 février 1872 est abrogé en ce qu'il a de contraire à la présente disposition. Les dispositions du présent article sont applicables aux ventes de bateaux de toute nature servant à la navigation intérieure.

ART. 11.

Le paragraphe 3 de l'article 4 de la loi du 19 mai 1866 sur la Marine marchande est modifié ainsi qu'il suit :

« *Art. 4, § 3.* — Des décrets rendus en la forme des règlements d'administration publique, sur le rapport du Ministre du Commerce, de l'Industrie et des Colonies, après enquête et après avis des Ministres des Travaux publics et des Finances, peuvent établir dans un port maritime des péages locaux temporaires pour assurer le service des emprunts contractés par un département, une commune, une chambre de commerce ou tout autre établissement public, en vue de subvenir à l'établissement, à l'amélioration ou au renouvellement des ouvrages ou de l'outillage public d'exploitation de ce port et de ses accès, ou au maintien des profondeurs de ses rades, passes, chenaux et bassins.

« Ces péages sont payables par les navires tant français qu'étrangers, en raison de leur tonnage de jauge, des quantités de marchandises et du nombre des voyageurs embarqués et débarqués ; ils ne peuvent dépasser un franc (1 franc) par tonneau de jauge nette légale ; un franc (1 franc) par voyageur, et cinquante centimes (0 fr. 50) par tonneau d'affrètement ou par tonne métrique de marchandises.

« Les tarifs peuvent comprendre des péages par tonneau de jauge gradués suivant l'espèce du navire, son tirant d'eau, la durée de son stationnement dans le port, le genre de navigation, l'éloignement du pays d'expédition ou de destination, la nature de la cargaison du navire, les opérations faites par lui dans le port au cours d'une escale. Ils peuvent établir des prix réduits d'abonnement ou des exemptions totales ou partielles en faveur de certaines catégories déterminées de navires, tant français qu'étrangers.

« Ils peuvent spécifier des péages par unité de trafic, différents à l'embarquement et au débarquement suivant les diverses natures de marchandises ou les diverses catégories de voyageurs.

« Les tarifs de péages institués conformément au présent article ou des péages similaires en vigueur peuvent être modifiés avec ou sans conditions, dans les limites des maxima fixés par les décrets ou les lois qui les ont institués, sur la proposition des établissements publics au profit desquels ils sont perçus.

« Les tarifs modifiés ne peuvent entrer en vigueur qu'après avoir été portés à la connaissance du public pendant un mois par voie d'affiches, et lorsqu'ils ont été homologués par le Ministre du Commerce, après avis des Ministres des Travaux publics et des Finances.

« Les péages locaux sont recouvrés par l'Administration des douanes.

« Ils sont assimilés aux droits de douane pour la forme des déclarations, le mode de perception et notamment le recouvrement par voie de contrainte, le mode de répression des contraventions, les règles de compétence et de procédure en cas de contestation sur l'application des tarifs. Toute contravention donnera lieu au payement d'une amende égale au double du péage compromis.

« Les frais de perception et de procédure sont prélevés sur le produit des péages. »

Art. 12.

Il est prélevé sur le montant des primes instituées par les articles 2, 3, 6 et 7 de la présente loi une retenue de 4 p. 100, qui sera versée à la Caisse des Invalides de la Marine.

Le produit de cette retenue sera affecté :

1° A l'allocation de secours aux marins français victimes des naufrages et autres accidents, ou à leurs familles ;

2° A des subventions aux chambres de commerce ou à des établissements d'utilité publique, pour la création et l'entretien, dans les ports français, d'hôtels de marins destinés à faciliter à la population maritime le logement, l'existence et le placement, ou de toutes autres institutions pouvant leur être utiles.

Art. 13.

La durée de la présente loi est fixée à dix années à partir de sa promulgation.

Un règlement d'administration publique déterminera les conditions de son application.

La présente loi, délibérée et adoptée par le Sénat et par la Chambre des députés, sera exécutée comme loi de l'État.

Fait à Paris, le 30 janvier 1893.

Signé : CARNOT.

Par le Président de la République :

<table>
<tr><td>Le Ministre du Commerce, de l'Industrie
et des Colonies,
Signé : SIEGFRIED.</td><td>Le Ministre de la Marine,
Signé : RIEUNIER.</td></tr>
<tr><td>Le Ministre des Finances,
Signé : TIRARD.</td><td>Le Ministre des Travaux publics,
Signé : VIETTE.</td></tr>
</table>

Paris. — Imprimerie L. Baudoin, r. Christine, 2.